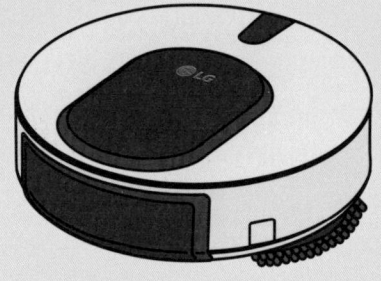
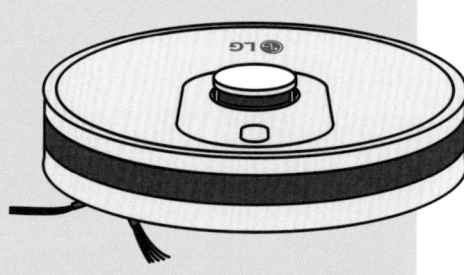
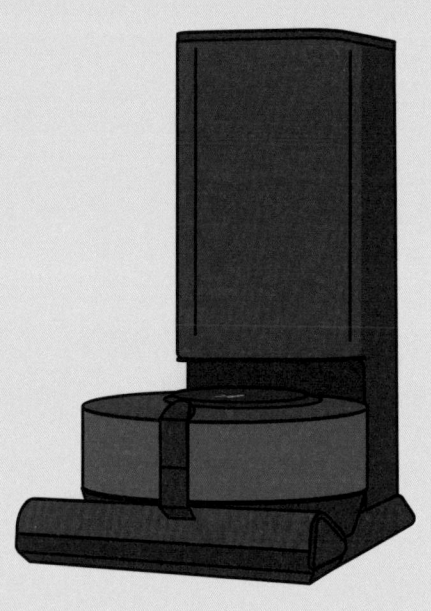
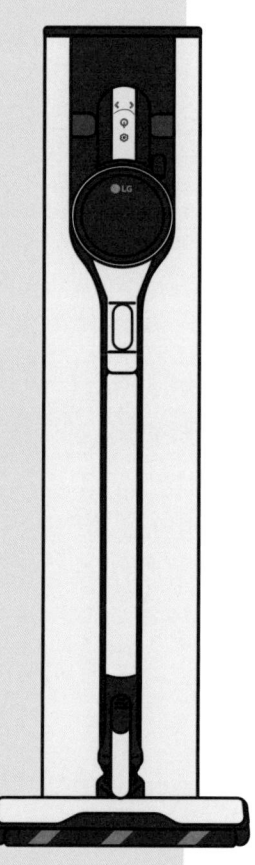

안녕, 청소기! 반짝반짝한 하루를 만들어줘

들어가며

청소할 때 꼭 필요한 가전제품이 있습니다.
바로 청소기입니다.

청소기로 바닥에 있는 먼지를 빨아들일 수 있습니다.
어떤 청소기는 바닥을 닦을 수도 있어요.

이 책에는 청소기에 대한 다섯 가지 스토리가 있습니다.
청소기 사용 방법을 자세히 알려주는 별책도 있어요.

청소기를 올바르고 안전하게 사용할 수 있도록
스토리를 읽으며 이야기를 나누어 보세요.

목차

들어가며
2

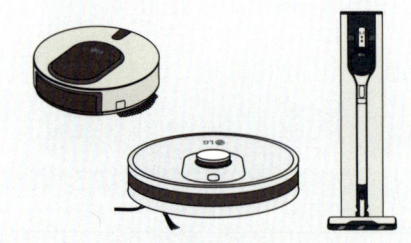

반짝반짝 나의 하루
6

내 친구 로봇 청소기!
26

민성이의
청소 습관 만들기
46

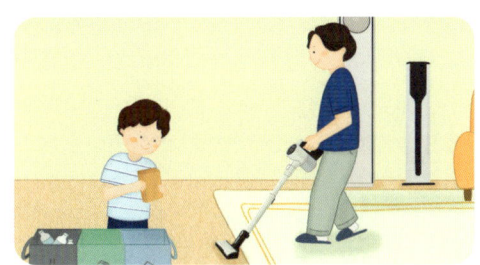

청소기는 어떻게
먼지를 빨아들일까?
66

옛날부터 지금까지!
다양한 청소기 이야기
80

별책 :
청소기,
이렇게 사용해 보자!

반짝반짝 나의 하루

여러분은 언제 씻고, 정리하고, 청소를 하나요?

6쪽과 7쪽에 여러 가지 물건이 있습니다.
언제 필요한 물건일까요?
친구들과 이야기해 보세요.

반짝반짝 나의 하루

아침이 되었어요.
새아가 일어났어요.

💬 오늘 나는 몇 시에 일어났나요?
💬 아침에 일어나면 가장 먼저 무엇을 하나요?
💬 졸릴 때 무엇을 하면 잠이 깰까요? 친구들과 이야기해 보세요.

새아가 엄마와 함께 이불을 정리하네요.

새아는 오늘 하루를 어떻게 보낼까요?
그림을 보면서 함께 알아봐요.

베개와 이불을 정리해 본 적이 있나요?

치카치카

새아가 양치질을 해요.

💬 나는 하루에 몇 번 양치질을 하나요?
💬 왜 양치질을 해야 할까요?

어떤 옷을 입을지도 골라 보고요.

💬 오늘 나는 어떤 옷을 입었나요?
💬 오늘 입을 옷을 고를 때 무엇을 생각해야 할까요?
   ㉠ 날씨를 알아보고 정한다, 내가 가는 장소를 생각해서 정한다

책가방에

준비물도 챙겨요.

- 나는 언제 책가방을 정리하나요?
- 필요한 준비물을 잘 챙기는 방법은 무엇이 있을까요?

밖에 나가기 전에 거울을 보며
옷차림을 깔끔하게 정리도 해요.

💬 밖으로 나가기 전에 왜 옷차림을 깔끔하고 단정하게 정리해야 할까요?
💬 거울로 내 모습을 살펴보세요. 내 모습이 어때 보이나요?

학교에서는 열심히 수업을 듣고요.

💬 내가 제일 좋아하는 수업은 무엇인가요?

수업이 끝나면 책상을 깨끗하게 정리해요.

💬 나는 수업이 끝나면 책상을 정리하나요?
💬 새아의 책상이 어떻게 달라졌나요? 그림을 보면서 말해 보세요.

쉬는 시간에는 친구들과 즐겁게 놀아요.

💬 나는 쉬는 시간에 무엇을 하나요?
💬 최근에 즐겁게 놀았던 경험을 이야기해 보세요.

이제 집에 갈 시간이네요.

쓰레기를 버리고 집에 갈 준비를 해요.

- 정리를 잘하면 무엇이 좋을까요?
  예) 물건을 쉽게 찾을 수 있다
- 쓰레기를 왜 분리배출해야 할까요?
- 쓰레기를 분리배출하는 방법은 무엇이 있을까요?
  예) 페트병에서 비닐을 떼고 버린다

새아가 집에 도착했네요.

가장 먼저 손을 깨끗하게 씻어요.

💬 집에 도착하면 가장 먼저 무엇을 하나요?
💬 손을 깨끗하게 씻으려면 어떻게 해야 할까요?
　　친구들과 이야기해 보세요.

💬 새아는 왜 다른 옷으로 갈아입었을까요?
💬 우리 집에 빨래를 보관하는 통이 어디에 있나요?

밤이 되면
잠잘 준비를 해요.

💬 나는 머리를 아침에 감나요, 저녁에 감나요?
💬 나는 씻고 나면 가장 먼저 무엇을 하나요?

- 새아의 방이 어때 보이나요?
- 방이 깨끗하면 무엇이 좋을까요?
- 새아가 오늘 하루 동안 무엇을 정리하고 청소했는지 이야기해 보세요.

반짝반짝 새아의 하루

새아가 씻고, 정리하고, 청소를 하려고 합니다.
새아에게 어떤 물건이 필요할까요?

'반짝반짝 스티커'에서 필요한 물건을 찾아서
그림에 붙여 보세요.

반짝반짝 나의 하루

내 친구 로봇 청소기!

그림을 보세요.
유나의 집입니다.
유나의 집은 어떤가요?

💬 유나의 집 바닥에는 무엇이 있나요?

💬 그림에서 청소기를 찾아 보세요.
청소기의 표정을 보니 기분이 어때 보이나요?

내 친구 로봇 청소기!

💬 유나는 서연이와 전화를 하고 왜 깜짝 놀랐을까요?
💬 서연이가 집에 오려면 몇 시간이 남았나요? 시계를 보고 말해 보세요.

💬 R9(알나인)과 M9(엠나인)은 무엇이 다른가요? 그림을 보고 말해 보세요.

💬 유나는 어떤 물건을 정리했나요? 그림을 보고 말해 보세요.
💬 물건이 제자리에 있지 않으면 무엇이 불편할까요?

청소기로 가구에 있는 먼지를 빨아들여 보자.
청소기는 꼭 어른과 함께 사용해야 돼!

💬 왜 먼지를 청소해야 할까요?
💬 우리 집에 있는 가구들을 보세요. 어디에 먼지가 많이 있나요?

💬 로봇 청소기를 사용하기 전에 왜 바닥에 있는 물건을 치워야 하나요?

그림에서 유나가 치워야 하는 물건은 무엇일까요? 동그라미를 그려서 표시해 보세요.

(예시) 스카프, 양말, 돗자리, 충전기 줄, 핸드폰 충전기

💬 로봇 청소기가 있으면 무엇이 좋을까요?

💬 유나와 서연이는 무엇을 하고 놀았을까요?

청소 순서를 알아보자!

1.
창문을 열어서 먼지를 바깥으로 내보내요.

2.
물건을 제자리에 정리해요.

3.
청소기로 가구에 있는 먼지를 빨아들여요.

*청소기는 꼭 어른과 함께 사용하세요.

로봇 청소기가

바닥을 깨끗하게 청소할 수 있게

바닥을 정리해요.

로봇 청소기로

바닥에 있는 먼지를 청소해요.

*청소기가 먼지를 빨아들이고 있을 때
 청소기 아래에 있는
 회전솔을 만지지 마세요.

물걸레 로봇 청소기로

바닥을 닦아요.

*청소기가 물걸레 청소를 할 때
 청소기 아래에 있는
 물걸레를 만지지 마세요.

청소 순서를 따라가 보자!

유나가 청소기 친구들을 만나고 싶어 해.
유나가 청소기 친구들을 만나려면
청소 순서를 따라가야 해.

유나가 청소기 친구들을 만날 수 있게
청소 순서를 따라가볼까?

민성이의 청소 습관 만들기

안녕! 나는 김민성이야.

내가 요즘 집에서 열심히 하고 있는 일이 있어.

뭐냐고? 내 이야기를 한번 읽어봐.

❝ 요즘 내가 열심히 하고 있는 일이 있나요?
❝ 나는 우리 집에서 집안일을 하나요?

민성이의 이야기

우리 엄마가 매일 나에게 하는 말이 있어.

 "민성아, 집 안을 어질렀으면
깨끗하게 청소를 해야지."

나는 지금도 괜찮은데 왜 청소를 해야 하지?

💬 민성이네 집에 무엇이 있나요?
💬 나는 청소를 자주 하나요?

민성이의 청소 습관 만들기

그런데 오늘부터 내가 집에서 해야 하는 일이 생겼어.
엄마는 나에게 말했어.

 "엄마, 아빠랑 같이 청소를 해보자.
민성이가 해야 할 청소를 함께 정해보는 거야."

헉. 내가 해야 할 청소를 정한다고?
청소는 귀찮을 것 같은데…. 그때 아빠가 나에게 말했어.

 "함께 청소 계획표를 만들어 보자.
민성이가 청소를 하면
청소 계획표에 스티커를 붙일 거야.
스티커를 10개 모으면 상도 받을 수 있어."

- 계획표를 만들어 본 적이 있나요?
- 내가 직접 청소했던 경험을 말해 보세요.
- 청소를 재미있게 하는 방법은 무엇이 있을까요?
  친구들과 이야기해 보세요.

오, 스티커 10개를 모으면 상을 준대!
나는 상을 받고 싶었어. 나는 생각했어.

 '청소 계획표를 한번 만들어 보지, 뭐!'

나는 엄마, 아빠와 함께 청소 계획표를 만들었어.
먼저 내가 집에서 어떤 청소를 할지 정했어.
그리고 언제 청소를 할지 계획표에 적어 두었어.

민성이의 청소 계획표

청소 계획표

월	화	수	목	금	토	일
책상 정리		책상 정리		책상 정리	거실 청소	거실 청소
월	화	수	목	금	토	일
책상 정리		책상 정리		책상 정리	거실 청소	거실 청소
월	화	수	목	금	토	일
책상 정리		책상 정리		책상 정리	거실 청소	거실 청소
월	화	수	목	금	토	일
책상 정리		책상 정리		책상 정리	거실 청소	거실 청소

짠! 내 청소 계획표야.

나는 월요일, 수요일, 금요일에 책상을 정리할 거야.

그리고 주말에는 아빠와 함께 거실을 청소하기로 했어.

💬 위에 있는 계획표를 보고 이야기해 보세요.
  ① 민성이는 토요일에 어떤 청소를 하기로 정했나요?
  ② 민성이가 청소를 하지 않는 요일은 언제인가요?

청소 계획표에
스티커를 10개 모으면
용돈 천 원 받기!

나는 스티커를 10개 모으면 어떤 상을 받을지도 정했어.
용돈 천 원을 받으면 좋아하는 간식을 사먹을 거야.
스티커를 모아 볼까?

💬 최근에 다짐한 일이 있나요?
💬 나라면 어떤 상을 받고 싶나요?

민성이의 첫 번째 스티커

오늘은 월요일이야. 나는 계획표에 적은 대로
책상에 있는 물건을 정리했어.
조금 귀찮았지만 책상이 깨끗해지니까 기분은 좋았어.
깨끗한 책상을 볼 때마다 뿌듯했어.

엄마는 내 책상을 보고 칭찬해 주었어.
내 청소 계획표에 스티커도 1개 생겼어.
스티커가 생기니까 더 기쁜 것 같아.
스티커 10개를 열심히 모아 봐야지!

❝ 청소를 해서 기분이 좋았던 경험을 말해 보세요.
❝ 민성이의 기분이 어때 보이나요? 그림을 보고 말해 보세요.
❝ 나는 언제 뿌듯한가요?

나는 청소를 하려고 노력했어.

청소를 하지 못했다면 다른 날에 더 열심히 청소했지.

주말에는 아빠와 함께 거실 바닥을 청소했어.

나는 쓰레기를 플라스틱, 캔, 종이로 나누어 버렸어.

우리 가족이 함께 생활하는 집이 깨끗해졌어.

내가 엄마, 아빠에게 도움이 되는 것 같아서 뿌듯해!

스티커도 벌써 7개나 모았어.

💬 가족과 함께 청소했던 경험을 말해 보세요.

청소 계획표

월	화	수	목	금	토	일
책상 정리		책상 정리		책상 정리	거실 청소	거실 청소
책상 정리		책상 정리		책상 정리	거실 청소	거실 청소
책상 정리		책상 정리		책상 정리	거실 청소	거실 청소
책상 정리		책상 정리		책상 정리	거실 청소	거실 청소

민성이의 청소 습관 만들기

스티커 10개를 모았다!

오늘도 나는 책상을 정리하고 청소했어.

계획표에는 스티커 1개가 더 생겼어.

스티커를 10개 모았어!

엄마는 나에게 말했어.

 "민성아, 청소를 열심히 했구나. 멋져!"

나는 스티커를 10개 모아서 용돈 천 원을 받았어.
용돈으로 제일 좋아하는 아이스크림을 사먹었지.
열심히 청소해서 받은 용돈으로 샀기 때문일까?
아이스크림이 더 맛있었어.

앞으로도 나는 계속 청소를 할 거야.
내가 직접 청소를 해보니까 뿌듯하더라고!
내 책상과 거실이 깨끗해질수록 기분도 좋아졌어.
이제부터는 내 방도 스스로 청소해 볼 거야.

> **나는 용돈 천 원을 받으면 무엇을 하고 싶나요?**
> ㉠ 간식을 사먹는다, 저축한다

> **친구들과 함께 '우리 반 교실 청소 계획표'를 만들어 보세요.**
> 그리고 스티커를 가장 많이 모은 친구에게 칭찬해 보세요.

청소 계획표 만들기

우리도 민성이처럼 청소 계획표를 만들고 청소를 해봅시다.

❶ 내가 어떤 청소를 할지 정해요

먼저 내가 어떤 청소를 할지 정해 보세요.
내가 스스로 할 수 있는 청소를 오른쪽에 적어 보세요.

㉠ 책상 정리, 청소기로 바닥 청소하기

💬 나는 무엇을 적었나요?
　　내가 적은 내용을 친구들에게 소개해 보세요.

❷ 청소할 날을 정하고
 달력에 적어요

내가 청소할 날을 정해서
오른쪽 표에 적어 보세요.

❸ 청소를 하고 스티커를 붙여요

내가 정한 날에 청소를 했다면
'미션 성공 스티커'를 붙여 보세요.

이렇게 해보세요!

월	화
책상 정리	거실 청소

월	화	
월	화	
월	화	
월	화	

수	목	금	토	일
수	목	금	토	일
수	목	금	토	일
수	목	금	토	일

민성이의 청소 습관 만들기

청소 계획표 만들기

❹ 내가 받고 싶은 상을 적어 보기

민성이는 스티커를 10개 모아서
용돈 천 원을 받았습니다.

여러분도 민성이처럼 스티커를 모으면
어떤 상을 받고 싶은지 적어 보세요.

㉠ 청소 계획표에 스티커를 10개 모으면 용돈 천 원 받기!
　청소 계획표에 스티커를 5개 모으면 초콜릿 간식 먹기

청소 계획표에

스티커를 ☐ 개 모으면

_____

_____

_____

청소기는 어떻게 먼지를 빨아들일까?

💬 청소기는 어떻게 먼지를 빨아들이는 걸까요?
자유롭게 상상하면서 이야기해 보세요.

위이이잉-!

청소기가 먼지를 빨아들이고 있습니다.
어떻게 먼지를 빨아들이는 걸까요?

먼지를 청소하는 방법

옛날에는 청소기가 없었어요.

사람들은 빗자루 같은 물건으로 먼지를 청소했어요.

바닥에 있는 먼지를 빗자루로 쓸면서 청소를 했지요.

- 빗자루와 청소기는 무엇이 다른가요?
- 청소기를 사람이나 동물에게 직접 대면 안 됩니다.
  이유가 무엇일까요?

시간이 지나고 청소기가 생겼어요.

청소기는 먼지를 빨아들였어요.

사람들은 청소기로 먼지를 깨끗하게 청소할 수 있었어요.

청소기는 어떻게 먼지를 빨아들이는 걸까요?

청소기를 자세히 살펴보면서 알아봐요!

청소기 안에 있는 모터가 작동하면?

청소기 안을 살펴봅시다.

청소기 안에는 모터라는 기계가 있어요.

청소기를 켜면 모터가 작동해요.

💬 청소기를 켜면 왜 소리가 날까요?
💬 모터가 있는 기계는 또 무엇이 있을까요?
　예) 자동차

모터가 작동하면서
청소기 안에 있는 □□를 청소기 밖으로 내보내요.
□□는 무엇일까요?

💬 □□는 무엇일까요?
　　친구들과 자유롭게 이야기해 보세요.

'공기'를 청소기 밖으로 내보내요!

모터가 작동하면서 청소기 안에 있는 공기를 청소기 밖으로 내보내요.

청소기 안에는 공기가 적어져요.

청소기 밖은 청소기 안보다 공기가 많아요.

이때, 공기가 움직입니다.

공기가 많은 곳에서 적은 곳으로 공기가 움직여요.

아래에 있는 그림을 한번 볼까요?

청소기 밖에는 공기가 많아요. 청소기 안에는 공기가 적어요.

밖에 있던 공기가 청소기 안으로 움직여요.

주변에 있는 먼지도 청소기 안으로 함께 빨려 들어가요.

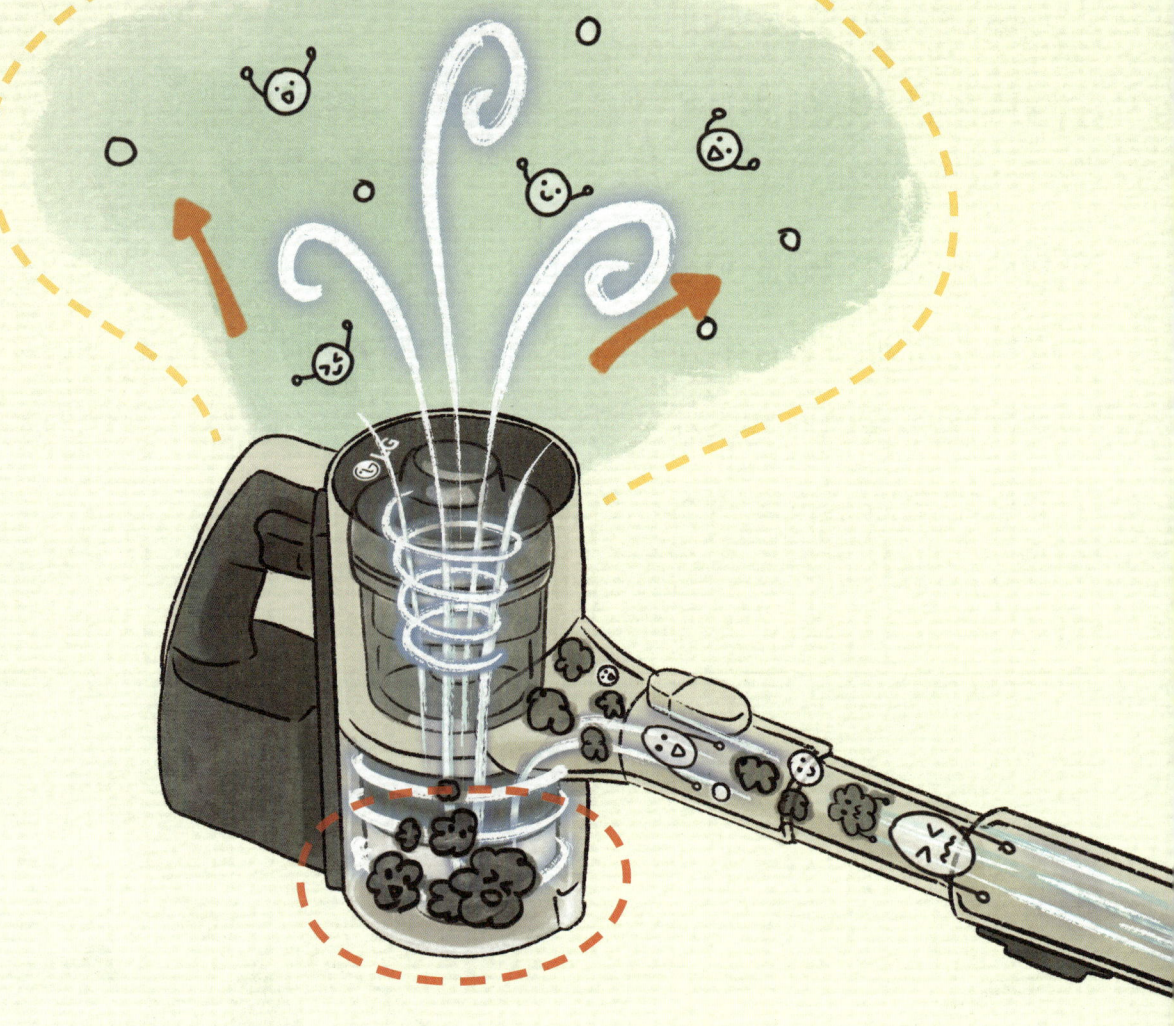

먼지는 쌓이고, 공기는 다시 밖으로!

청소기 안으로 들어온 먼지와 공기는 어떻게 될까요?

청소기 안에 먼지를 막는 필터가 있어요.

먼지는 필터에 막혀서 청소기 밖으로 나가지 못하고

먼지통에 차곡차곡 쌓여요.

먼지가 없는 깨끗한 공기만 다시 청소기 밖으로 빠져나가요.

청소기를 켜고 있는 동안에
공기는 계속 청소기 밖으로 빠져나가요.
청소기 안에는 공기가 적습니다.
그래서 청소기 밖에서 안으로 공기가 계속해서 움직여요.
먼지도 함께 청소기 안으로 빨려 들어가요.
이렇게 청소기가 먼지를 깨끗하게 청소한답니다.

💬 먼지통에 먼지가 계속 쌓이면 어떻게 될까요?
💬 청소기 먼지통에 있는 먼지를 쓰레기통에 버린 적이 있나요?

공기는 또 어디에서 움직일까?

우리 주변에 있는 공기는 움직입니다.

공기가 많은 곳에서 적은 곳으로 움직입니다.

청소기를 켰을 때도 똑같아요.

청소기 안에 공기가 적어지면서

청소기 밖에 있던 공기가 안으로 움직입니다.

먼지도 함께 청소기 안으로 빨려 들어가요.

공기가 움직이는 걸 또 어떻게 확인할 수 있을까요?

공기가 많은 곳에서 적은 곳으로 움직일 때 바람이 불어요.

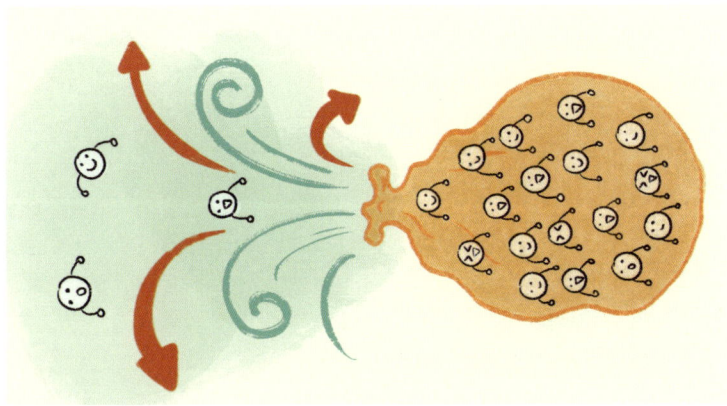

풍선에서 공기가 빠져나가는 것도 공기가 움직이기 때문이에요.

공기가 풍선 안에서 밖으로 움직여요.

풍선에서 공기가 빠져나가요.

청소기를 그려 보고 색칠하기

점을 따라서 청소기를 그려 보세요.
청소기 그림에 공기와 먼지도 그려 보고
자유롭게 색칠도 해보세요.

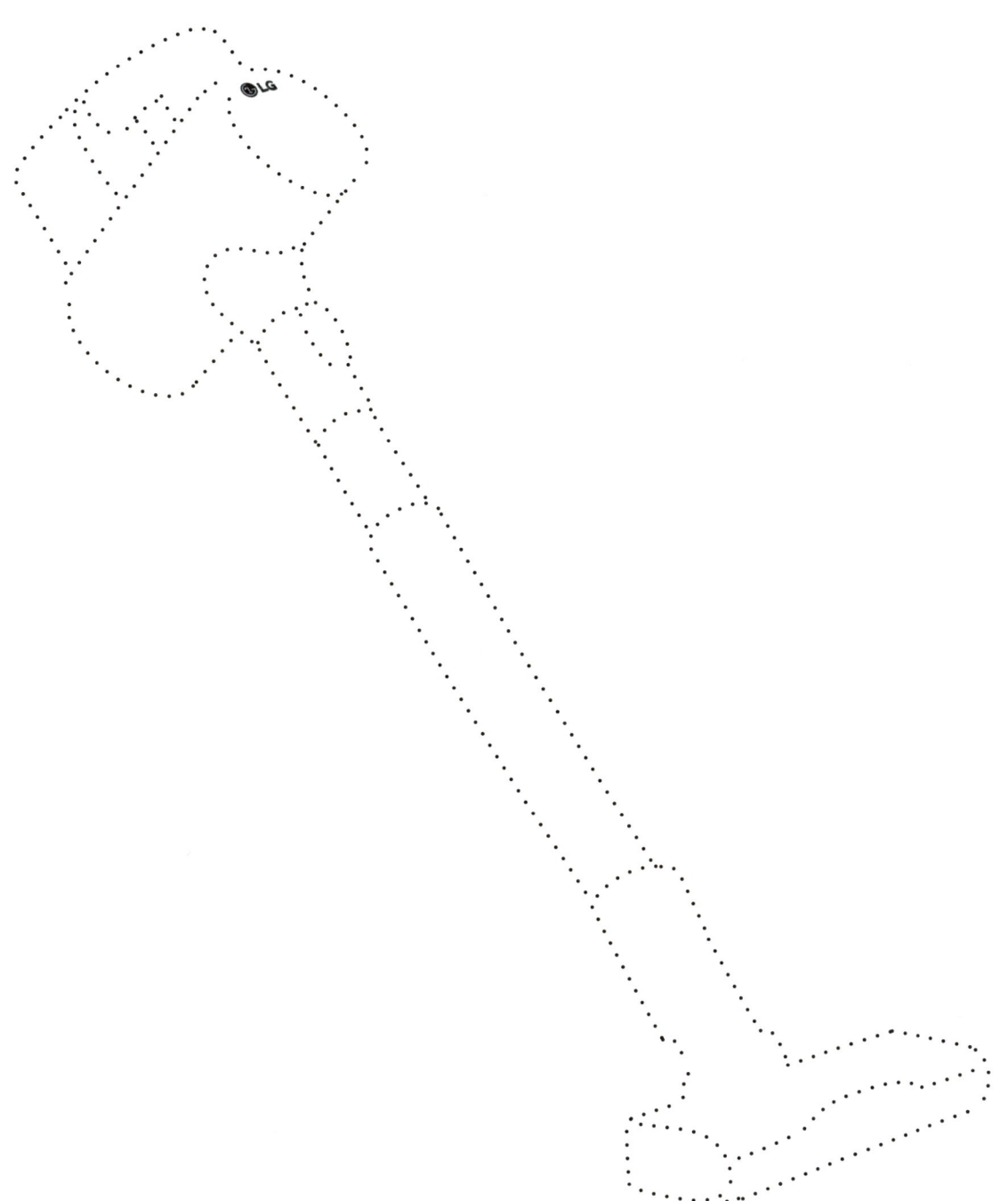

청소기는 어떻게 먼지를 빨아들일까?

옛날부터 지금까지! 다양한 청소기 이야기

오른쪽에 있는 사진을 보세요.

어떤 물건일까요?

세계에서 처음으로 만든 청소기

사진에 있는 물건은 세계에서 처음으로 만든 청소기입니다.

청소기는 1901년에 영국에서 처음 만들어졌어요.

청소기가 만들어지고

사람들은 더 건강하게 지낼 수 있었어요.

💬 청소기는 몇 년 전에 처음 만들어졌을까요?
💬 우리나라에서는 언제 처음으로 청소기가 만들어졌을까요?

청소기가 있어서
사람들이 더 건강하게 지낼 수 있었다고?

옛날에 영국 군인들이 사는 건물에

쓰레기와 먼지가 많았습니다.

쓰레기와 먼지에는 세균이 많았습니다.

세균이 군인들 몸 안에 들어가면

군인들은 병에 자주 걸렸습니다.

몸이 자주 아팠습니다.

그런데 청소기가 만들어졌습니다.

사람들은 청소기로 건물을 깨끗하게 청소했어요.

건물에 쓰레기와 먼지가 줄었어요. 세균도 줄었습니다.

영국 군인들은 더 건강하게 지낼 수 있었습니다.

- 영국 말고 내가 아는 나라가 있나요? 친구들과 이야기해 보세요.
- 청소기는 무엇을 빨아들이나요?

알쏭달쏭, 어떤 물건이지?

오른쪽에 있는 사진을 보세요.

어떤 물건일까요?

옛날부터 지금까지! 다양한 청소기 이야기

우리나라 첫 번째 청소기

85쪽 사진에 있는 물건은
우리나라에서 처음으로 만든 청소기입니다.

우리나라에서 처음으로
청소기를 만든 회사는 '금성'입니다.
'금성'은 지금 'LG(엘지)'라는 회사입니다.

💬 '금성'은 언제 처음으로 청소기를 만들었을까요?
　　① 1978년　② 1988년　③ 1998년

①: 경성

요즘에는 편리하고 신기한 청소기들이 많습니다.

음성 인식으로 청소를 시작시킬 수 있는

로봇 청소기가 있고요.

먼지를 빨아들이면서 바닥을 닦는 청소기도 있어요.

또 어떤 청소기가 있는지 함께 알아볼까요?

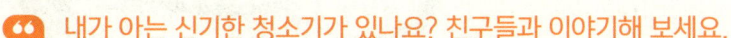 내가 아는 신기한 청소기가 있나요? 친구들과 이야기해 보세요.

다양하고 신기한 요즘 청소기!

아래에 있는 청소기 사진을 보세요.

어떤 청소기가 우리 집 청소기와 닮았나요?

아래에 있는 청소기 사진에 점선이 있습니다.
점선을 따라 그려 보세요.

다양하고 신기한 요즘 청소기를 알아봅시다.

요즘 청소기　　**1　음성인식 기능이 있어요**

어떤 청소기는 시작 버튼을 누르지 않아도 청소를 합니다.

음성 인식 기능이 있는 로봇 청소기입니다.

로봇 청소기에게 이렇게 말하면 됩니다.

"하이 엘지! 청소 시작해줘."

로봇 청소기는 말을 듣고 청소를 시작합니다.

💬 나는 음성 인식 기능이 있는 다른 제품을 사용해본 적이 있나요?
　　예) 스마트폰, TV(티브이)

② 자동으로 먼지를 빨아들이면서 물걸레로 바닥을 닦아요

바닥을 청소할 때 로봇 청소기와 물걸레 로봇 청소기를 사용할 수 있습니다. 로봇 청소기로 먼지를 빨아들이고요. 물걸레 로봇 청소기로 바닥을 닦습니다.

어떤 로봇 청소기에는 먼지를 빨아들이는 곳과 물걸레가 함께 있습니다. 먼지를 빨아들이면서 물걸레로 바닥을 닦을 수 있습니다.

💬 먼지를 빨아들이면서 바닥을 닦으면 무엇이 좋을까요?

3 먼지통에 있는 먼지를 자동으로 버려 줘요

청소기 안에 먼지통이 있습니다.

청소기가 먼지를 빨아들이면

먼지통에 먼지가 쌓입니다.

먼지통에 먼지가 가득 차 있으면

청소기가 먼지를

잘 빨아들이지 못할 수도 있습니다.

먼지통

먼지통에 있는 먼지를 버릴 때 사람들은 말합니다.

"먼지통에 있는 먼지를 버릴 때

손에 먼지가 묻어.

손이 더러워져서 기분이 나빠."

요즘에는 자동으로 먼지통을 비워주는
청소기가 있습니다.

청소기를 먼지 비움 충전대에 놓으면
충전대가 먼지통에 있는 먼지를 빨아들입니다.
자동으로 먼지통이 비워집니다.
먼지통이 깨끗해집니다.

사람들은 말합니다.

"충전대에서 먼지통을 자동으로 비워 줘서
손에 먼지가 묻지 않아.
깨끗하고 편리해!"

미래에는 어떤 청소기가 생길까?

10년, 20년, 30년···.

시간이 지나고 미래에는 어떤 청소기가

생길까요?

자유롭게 상상해서

그림으로 그려 보세요!

💬 어떤 청소기를 그렸나요? 친구들에게 소개해 보세요.

스티커를 붙여서 집을 꾸며 봅시다

부엌과 거실, 방이 있습니다.
집 안에 '우리 집 꾸미기' 스티커를 붙여서
집을 꾸며 봅시다.

옛날부터 지금까지! 다양한 청소기 이야기

가전학교 쉬운 글 도서

안녕, 청소기!
반짝반짝한 하루를 만들어줘

발행처	LG전자
기획	LG전자 HS본부 CX담당 HS고객가치혁신실
	이 책의 내용을 상업적으로 사용할 때는 반드시 출처를 밝혀야 하며 HS.고객가치혁신실 담당자(hacvi@lge.com)에게 연락 바랍니다.
주소	서울시 영등포구 여의대로 128
고객센터	1544-7777
홈페이지	www.lge.com
출판사	피치마켓
디자인	피치마켓
감수	피치마켓 프렌즈
창간	2023년 04월 20일
초판 1쇄 발행	2025년 10월 09일
ISBN	979-11-92754-71-0
	979-11-92754-68-0 (세트)

Copyright © 2025 LG Electronics. All rights reserved.

경험과 지식이 부족한 사람은 보호자의 감독이나 지시 없이
제품을 안전하게 사용할 수 없습니다.

제품을 안전하게 사용할 수 있도록
보호자와 함께하세요.

이 책에 있는 내용은
LG전자의 '핸드스틱 청소기 제품 사용설명서'와
'먼지 비움 충전대 제품 사용설명서' 일부를
쉬운 글로 번안한 것입니다.
아래에 있는 큐알코드를 스캔하여
모델명을 입력해 검색해 보세요.
제품 사용설명서를 볼 수 있습니다.

목차

청소기를 사용할 때
알아두세요

6

청소기, 더 자세히 알아봐요
: 핸드스틱 청소기와
　먼지비움 충전대

12

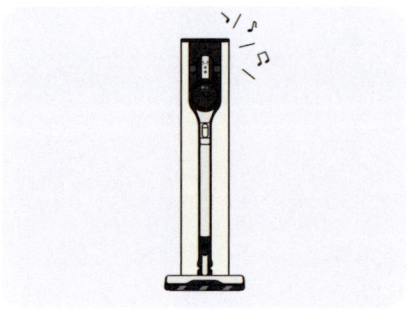

청소기, 이렇게도
사용해 보세요
: 흡입구와 길이 조절 파이프

32

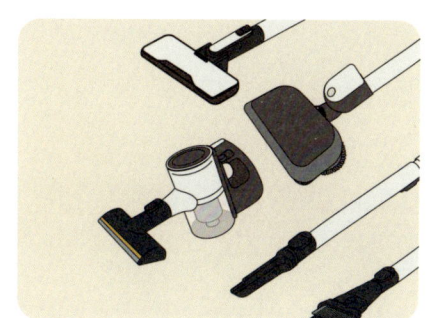

LG전자 서비스 센터

44

청소기를 사용할 때 알아두세요

 청소기를 사용하기 전에
바닥에 있는 물건들을 정리하세요.
청소기가 물건을 빨아들일 수 있습니다.

✓ 청소기 파이프 길이를
내 키에 알맞게 바꾸어 보세요.
청소기를 더 편하게 사용할 수 있습니다.

✅ 청소기에 있는 흡입구를 바꾸어 사용해 보세요.
내가 청소하려는 곳에 알맞은 흡입구를 사용하면
청소를 꼼꼼하게 할 수 있습니다.

청소기 필터를 청소하세요.

청소기 안에 필터가 있습니다.

청소기가 먼지를 빨아들이면 필터에 먼지가 쌓입니다.

필터에 먼지가 많으면

청소기가 먼지를 잘 빨아들이지 못할 수도 있습니다.

청소기 아래에 회전솔이 있습니다.
청소기가 먼지를 빨아들이고 있을 때
회전솔을 만지지 마세요. 위험할 수 있습니다.

✓ 사람이나 동물에게 청소기를 직접 대서 사용하지 마세요.

위험할 수 있습니다.

청소기로 바닥에 떨어져 있는 머리카락이나

동물의 털을 청소하세요.

청소기, 더 자세히 알아봐요
: 핸드스틱 청소기와 먼지비움 충전대

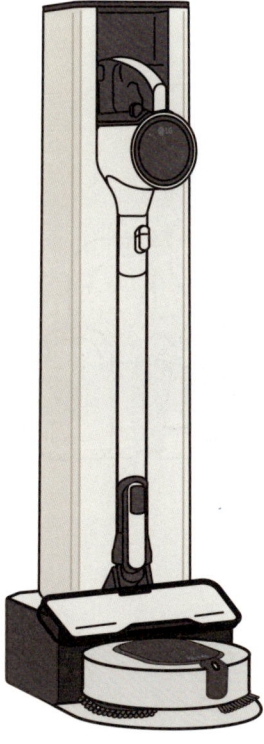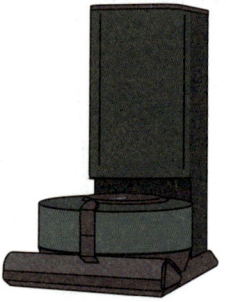

청소기 살펴보기 : 핸드스틱 청소기와 먼지비움 충전대

> **핸드스틱 청소기**
>
> 바닥에 있는 먼지를 빨아들입니다.

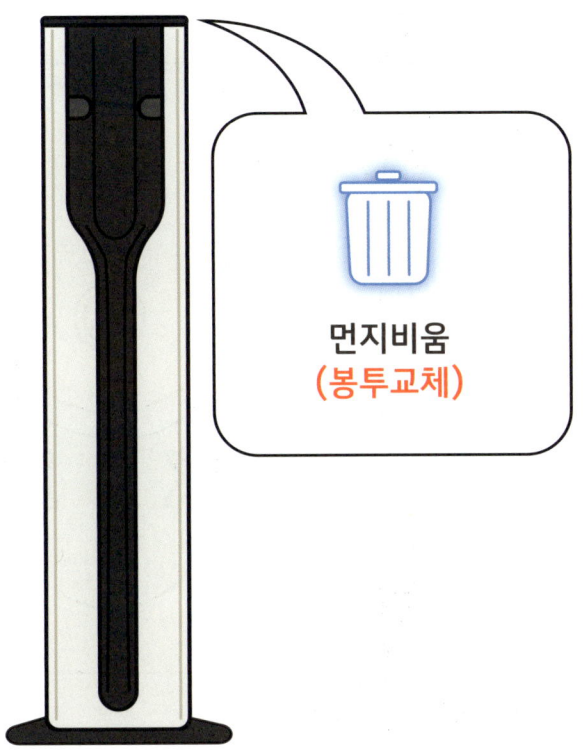

먼지비움
(봉투교체)

먼지비움 충전대

청소기 배터리를 충전합니다.

'먼지비움 기능'이 있어서

먼지통에 있는 먼지를 자동으로 비워 줍니다.

청소기 살펴보기 : 청소기 버튼과 화면

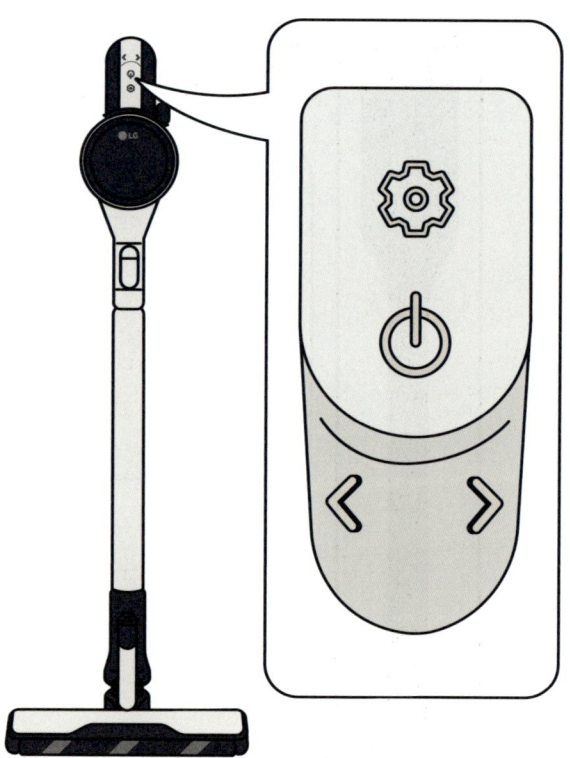

청소기 버튼

청소기에 있는 버튼을 눌러서

청소기 전원을 켜거나

흡입 세기를 바꿀 수 있습니다.

청소기 화면

지금 사용하고 있는 흡입 세기를 볼 수 있습니다.

청소기를 사용할 수 있는 시간이

얼마나 남았는지 볼 수 있습니다.

청소기를 사용하는 방법

① 전원 버튼을 눌러서 청소기를 켜세요.

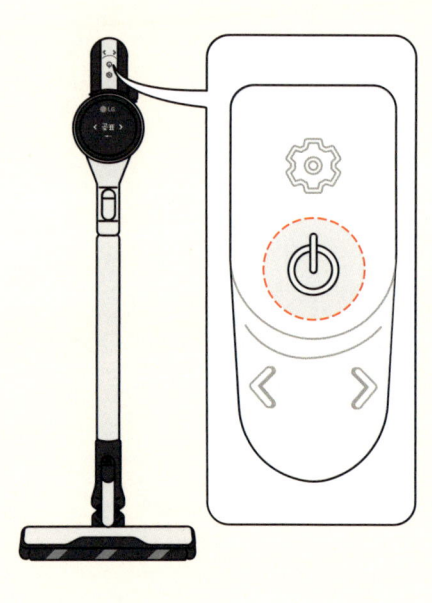

② 이동 버튼을 누르면 청소기에 있는 화면에서 다양한 흡입 세기를 볼 수 있습니다.
이동 버튼을 눌러서 원하는 흡입 세기를 고르세요.

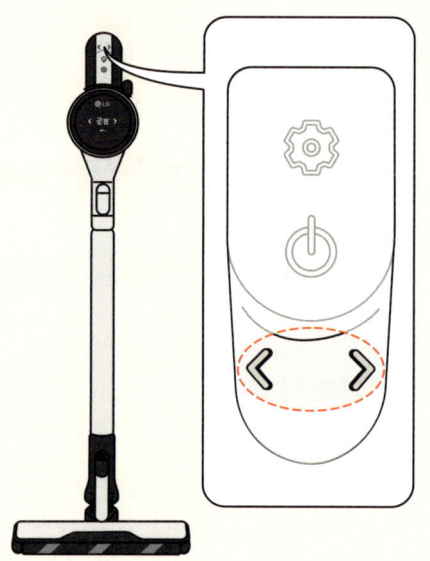

③ 흡입구를 바닥에 대고 청소기를 밀고 당기면서 청소하세요.

④ 청소가 끝나면 ⏻ 전원 버튼을 눌러서 청소기를 끄세요. 청소기를 충전대에 놓으면 알림음이 울리고 충전이 시작됩니다.

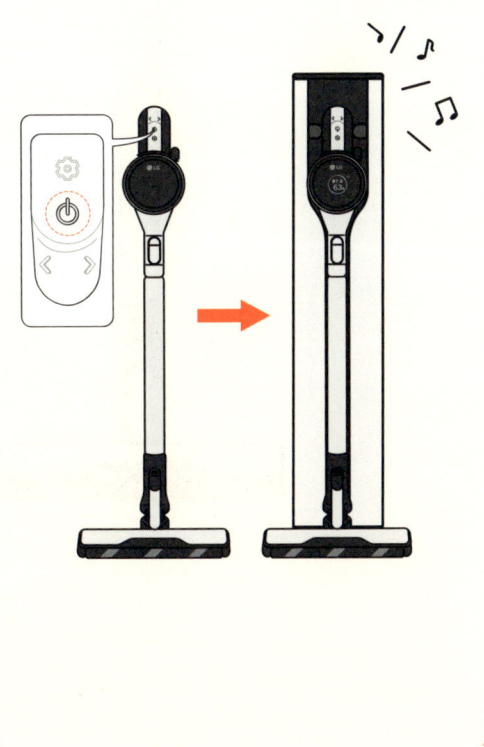

청소기 켜고 끄기

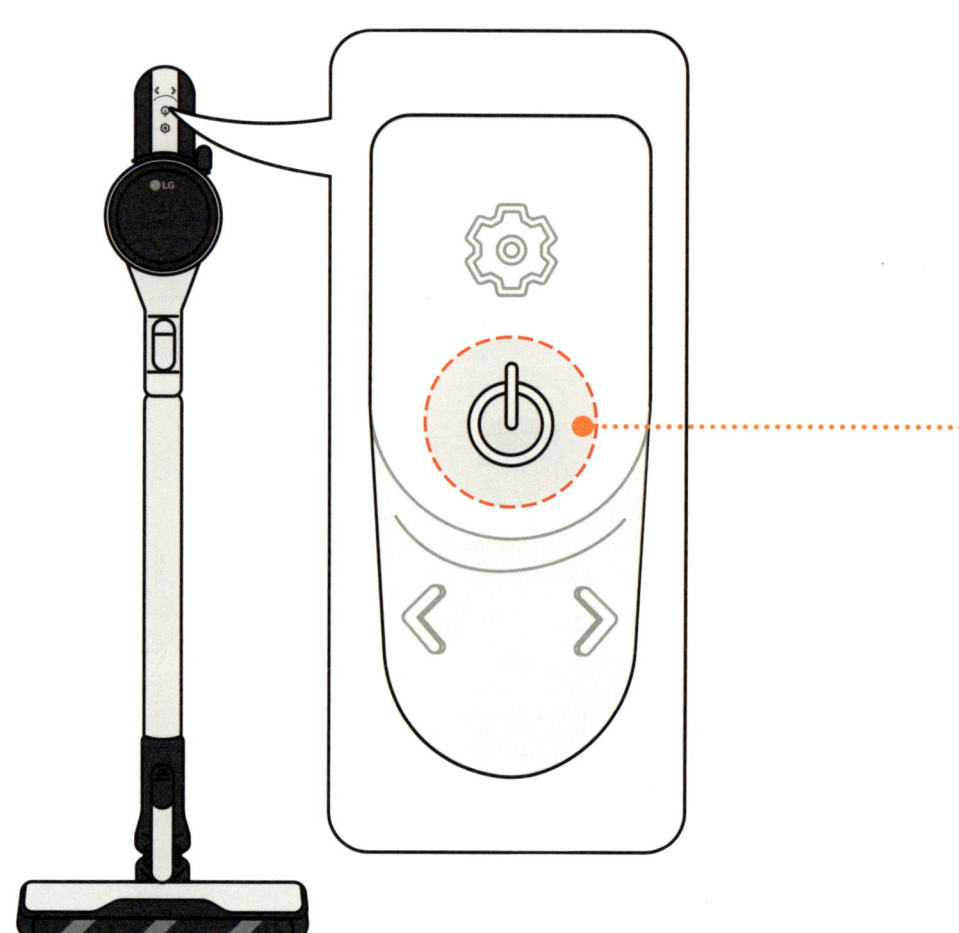

전원 버튼

청소기에

⏻ 전원 버튼이 있습니다.

⏻ 전원 버튼을 누르면

청소기를 켜거나 끌 수 있습니다.

청소 모드 바꾸기

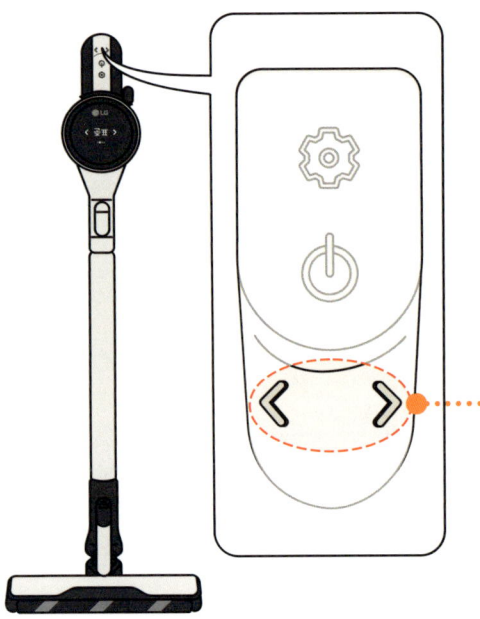

이동 버튼

청소기에 ⟨ ⟩ 이동 버튼이 있습니다.
⟨ ⟩ 이동 버튼을 누르면 화면에서 다양한 흡입 세기를 볼 수 있습니다.

⟩ 버튼을 누르면 흡입 세기가 강해집니다. 강하게 먼지를 빨아들입니다.

⟨ 버튼을 누르면 흡입 세기가 약해집니다. 약하게 먼지를 빨아들입니다.

흡입 세기는 저전력, 표준, 강, 터보가 있습니다.

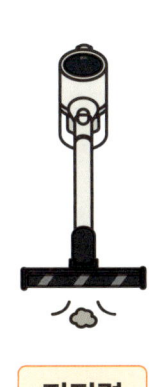

저전력

흡입 세기가
가장 약합니다.

표준

흡입 세기가 강합니다.
사람들이 자주 사용하는
흡입 세기입니다.

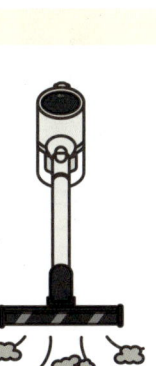

강

흡입 세기가
표준보다 더 강합니다.

터보

흡입 세기가
가장 강합니다.

청소기 배터리를 충전하는 방법

청소기를 사용하려면 배터리를 충전해야 합니다.
청소기 배터리를 충전하는 방법을 알아봅시다.

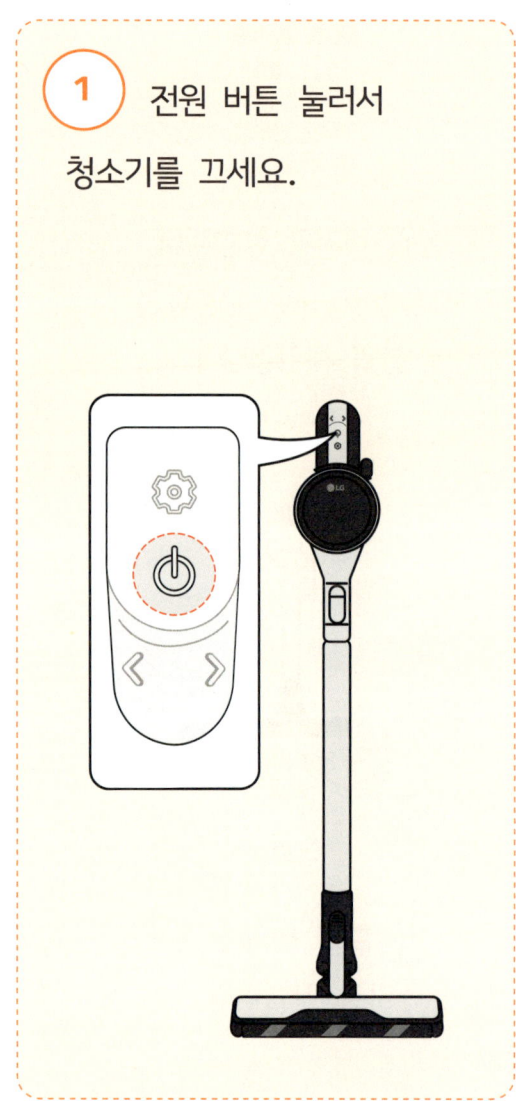

① 전원 버튼 눌러서 청소기를 끄세요.

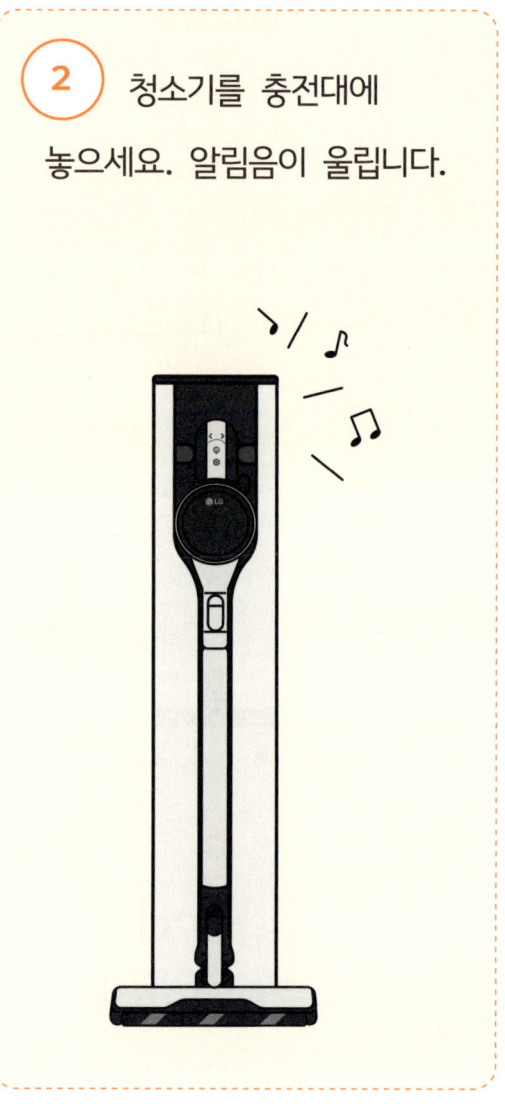

② 청소기를 충전대에 놓으세요. 알림음이 울립니다.

③ 충전함에서 충전이 시작됩니다. 화면에서 배터리가 얼마나 충전되었는지 볼 수 있습니다.

④ 배터리 충전이 끝나면 화면에 '배터리 충전 완료'가 나타납니다.

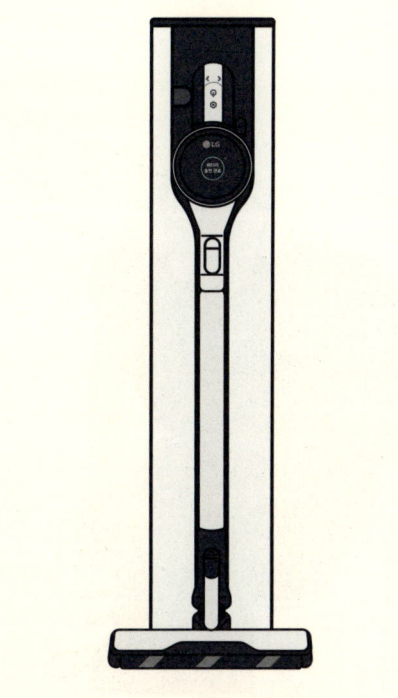

보조 배터리를 충전하는 방법

청소기에 있는 배터리를 충전함에서 따로 충전할 수 있습니다. 보조 배터리가 있다면 아래에 있는 방법으로 충전해 보세요.

① 충전대 위에 있는 뚜껑을 여세요.

② 배터리 충전함 모양에 맞춰 배터리를 넣으세요. 딸깍 소리가 날 때까지 배터리를 손으로 밀어 넣으세요.

③ 배터리 충전이 시작됩니다. 충전대 위에 있는 보조 배터리 아이콘이 깜박입니다.

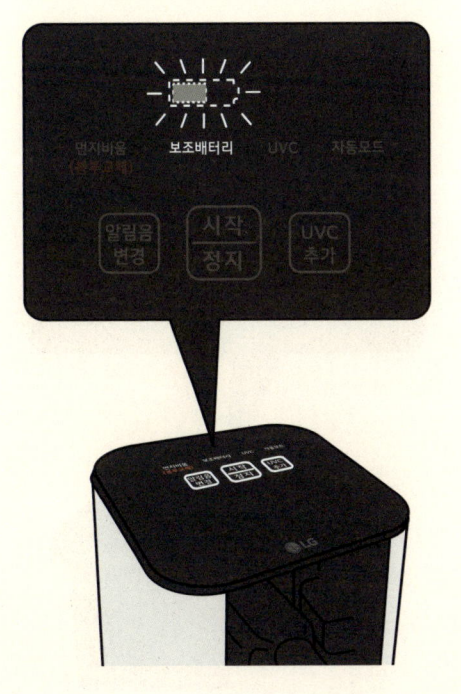

④ 배터리가 모두 충전되면 보조배터리 아이콘이 켜집니다.

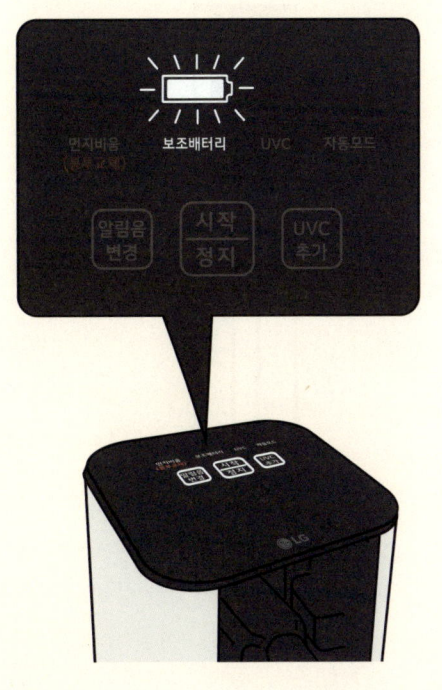

청소기 먼지통 비우기

충전대에서 먼지비움 기능을 사용해 보세요.

청소기에 있는 먼지통을 직접 비우지 않아도 됩니다.

충전대에서 자동으로 먼지통을 비워줍니다.

① 청소기를 충전대에 놓으세요. 알림음이 울립니다.

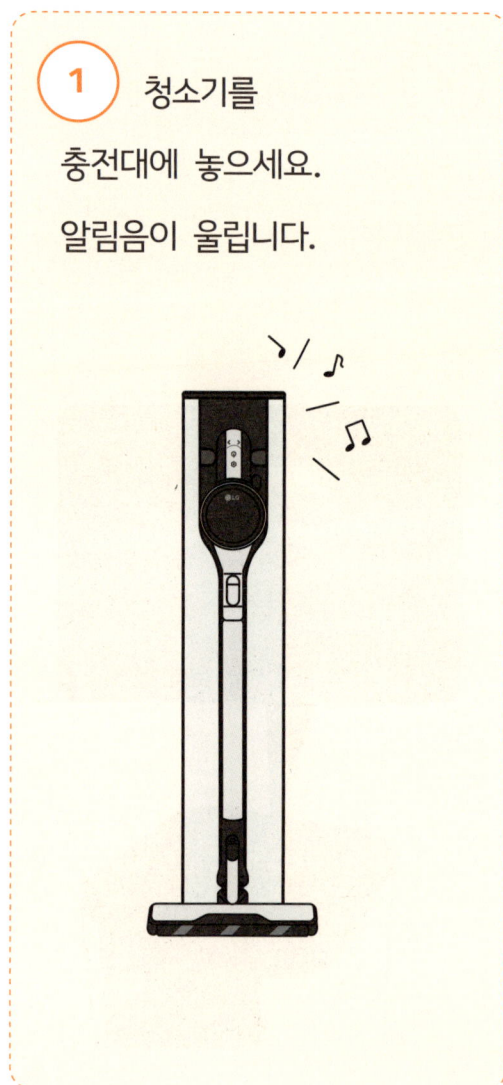

② 충전대 위에 있는 시작/정지 버튼을 누르세요.

3 먼지비움 아이콘이 켜지고 알림음이 울립니다. 충전대에서 먼지통에 있는 먼지를 비워줍니다.

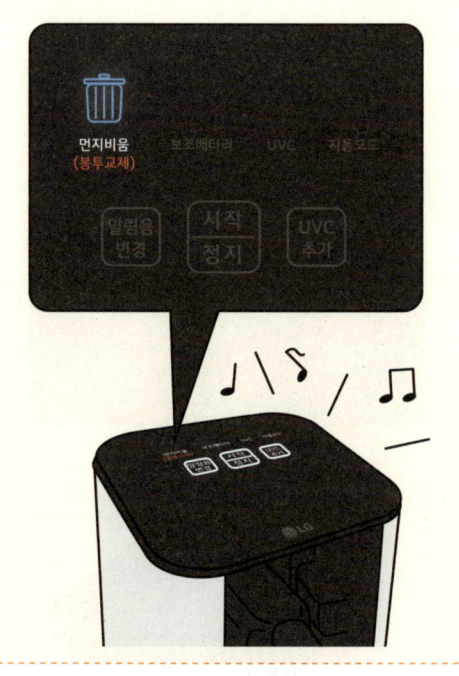

4 먼지통에 있는 먼지를 모두 비우면 먼지비움(봉투교체) 아이콘이 꺼지고 배터리 충전이 시작됩니다.

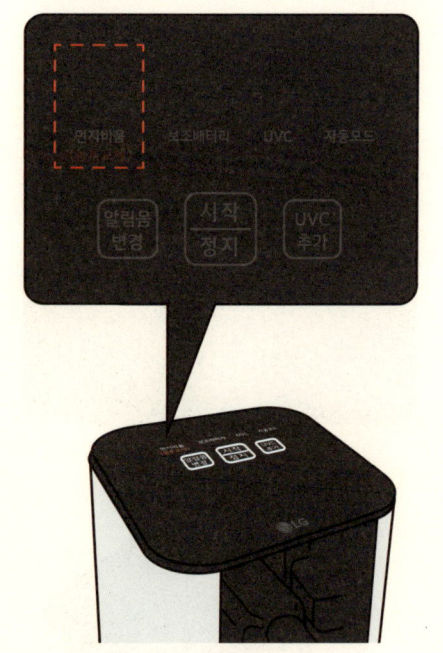

＊ 먼지통을 비우고 있을 때 청소기를 충전대에서 빼지 마세요.

자동으로 청소기 먼지통 비우기

자동 먼지비움 모드를 사용해 보세요.

시작/정지 버튼을 누르지 않아도 청소기를 충전대에 놓을 때마다 먼지통에 있는 먼지가 비워집니다.

① 충전대 위에 있는 시작/정지 버튼을 3초 동안 누르세요.

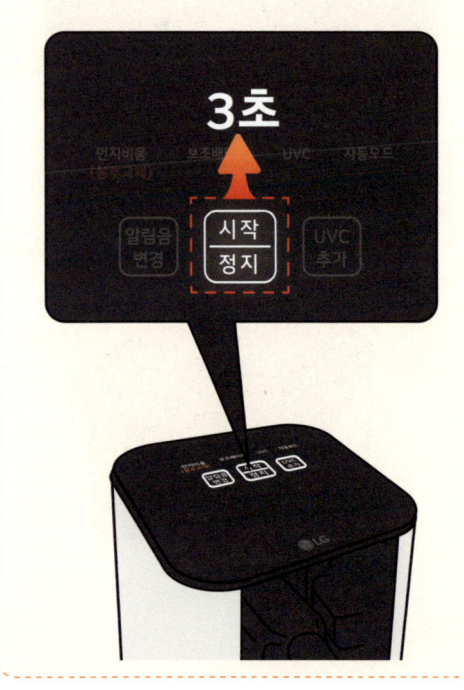

② 자동 먼지비움 모드가 켜집니다.

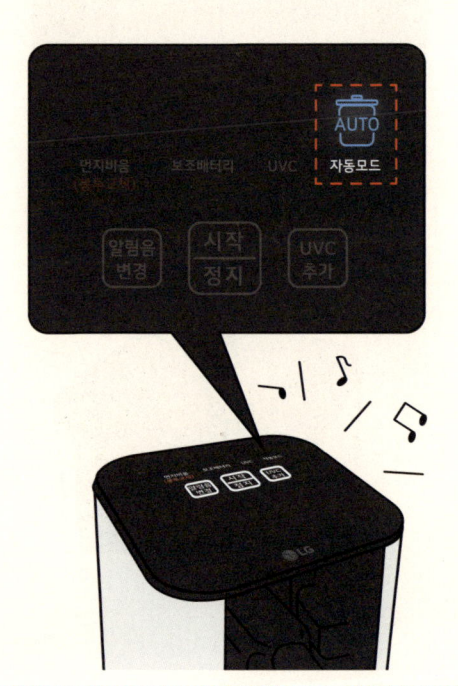

③ 충전대에 청소기를 놓으세요. 먼지비움 아이콘이 켜지고 알림음이 울립니다. 충전대에서 먼지통에 있는 먼지를 비워줍니다.

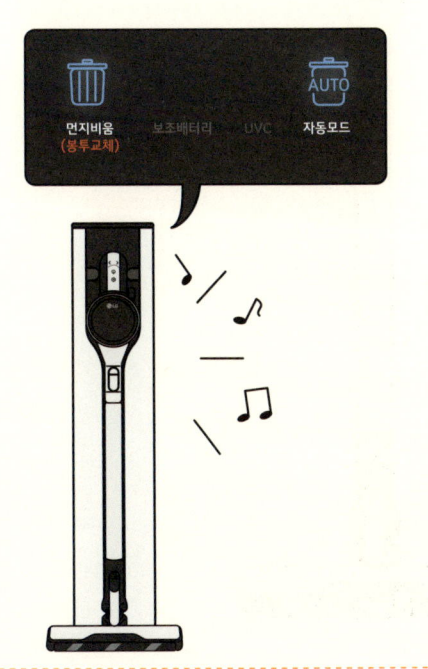

④ 먼지통에 있는 먼지를 모두 비우면 먼지비움(봉투교체) 아이콘이 꺼지고 배터리 충전이 시작됩니다.

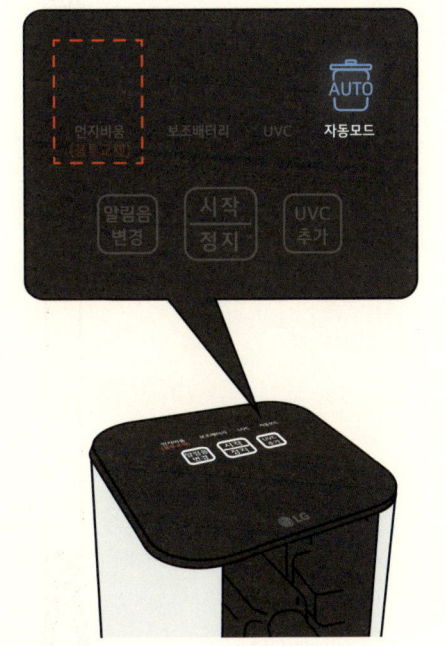

* 먼지통을 비우고 있을 때 청소기를 충전대에서 빼지 마세요.

청소기, 이렇게도 사용해 보세요
: 흡입구와 길이 조절 파이프

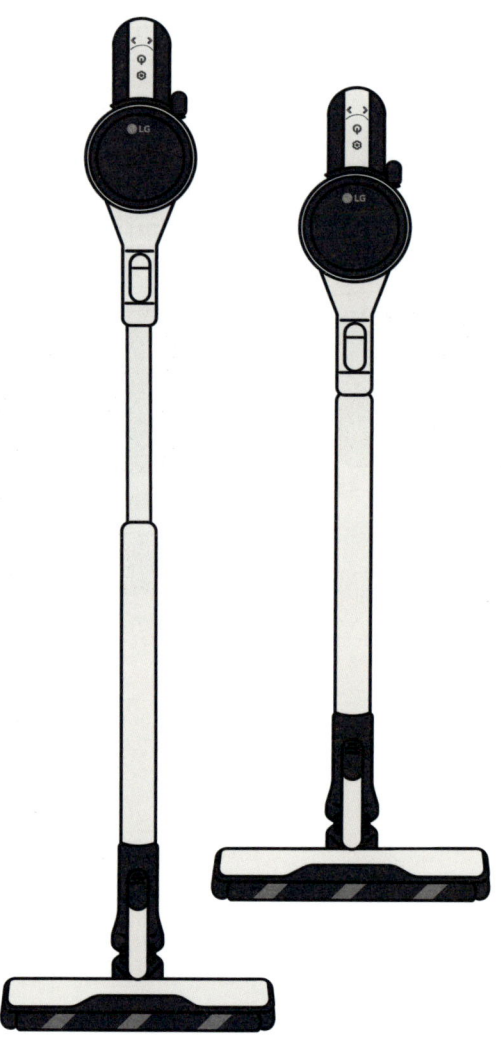

청소기, 이렇게도 사용해 보세요

다양한 흡입구 사용하기

청소기에 다양한 흡입구가 있습니다.

내가 청소하려는 곳에 알맞은 흡입구를 사용해 보세요.

마루 흡입구

거실이나 방에 있는 마룻바닥을 청소할 때 사용하세요.

스팀 물걸레 흡입구

물걸레로 바닥을 닦을 때 사용하세요.

바닥에 있는 얼룩을 스팀 물걸레로 깨끗하게 닦을 수 있습니다.

침구 흡입구

매트리스, 이불, 베개에 있는 먼지를 청소할 때 사용하세요.

2 in 1(투인원) 흡입구

기본형과 솔형이 있습니다.

기본형 소파나 매트리스를 청소할 때 사용하세요.

솔형 액자나 가구의 바깥쪽을 청소할 때 사용하세요.

틈새 흡입구

구석이나 틈새에 쌓인 먼지를 청소할 때 사용하세요.

흡입구를 바꾸는 방법

① 흡입구에 분리 버튼이 있습니다. 분리버튼을 꾹 누르면서 흡입구를 빼세요.

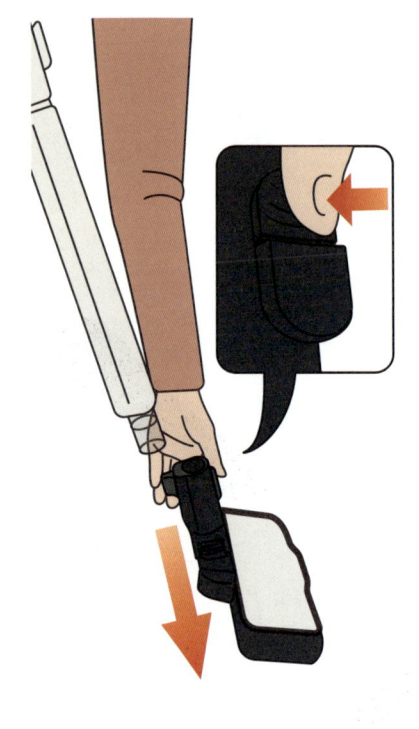

② 내가 원하는 흡입구를 파이프에 끼우세요. 딸깍 소리가 납니다.

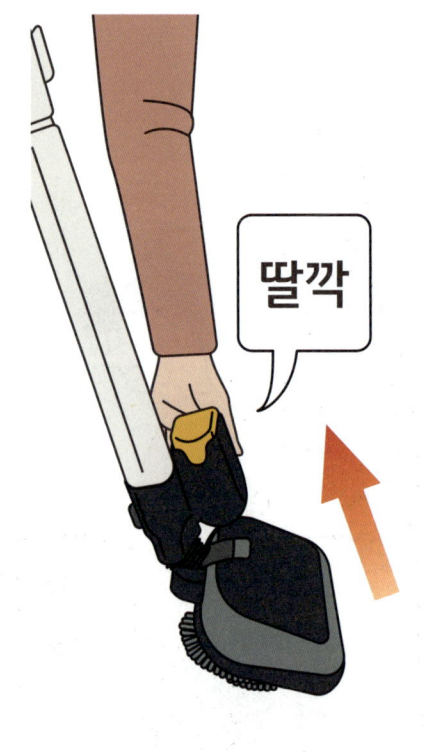

딸깍

* 2 in 1(투인원) 흡입구나 틈새 흡입구는 파이프에 연결하지 않고 청소기 본체에 바로 연결해서 사용할 수 있습니다.

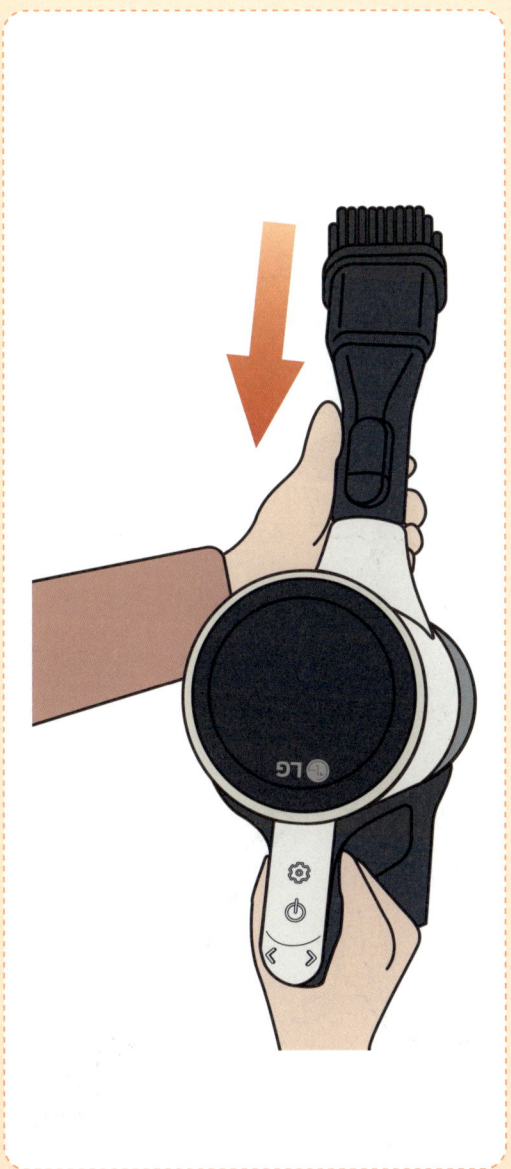
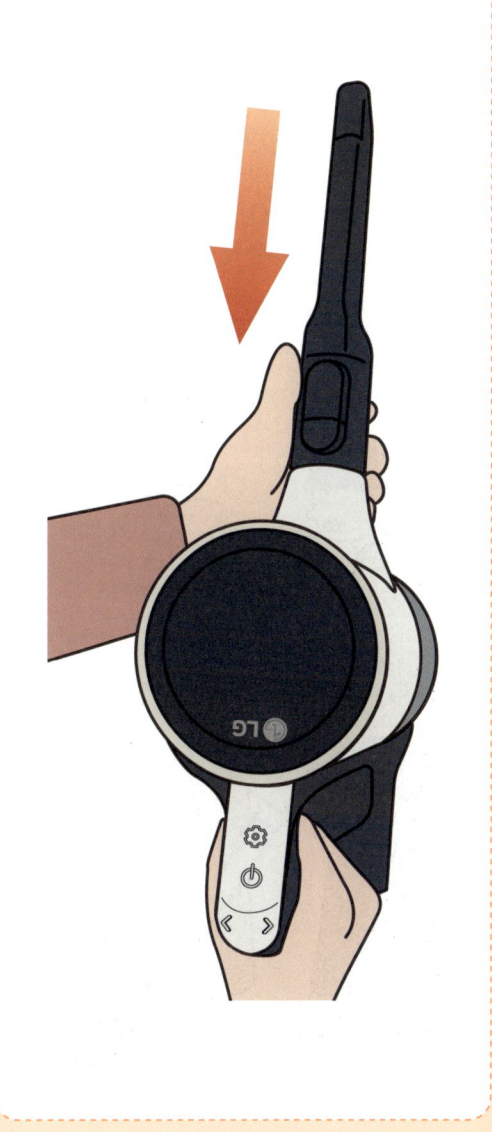

청소기 길이 바꾸기

청소기 길이를 더 길거나 짧게 바꿀 수 있습니다.

청소기 길이는 4단계가 있습니다.

1단계는 청소기 길이가 가장 짧습니다.

4단계는 청소기 길이가 가장 깁니다.

내가 원하는 길이로 바꿔서 청소기를 사용해 보세요.

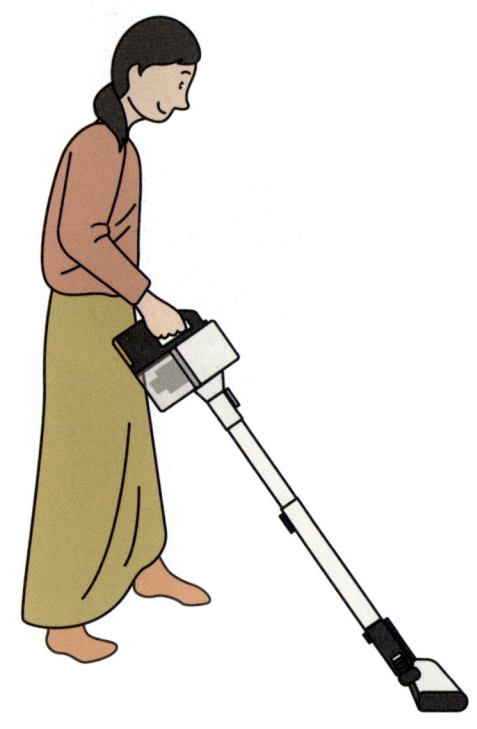

청소기 길이를 바꾸는 방법

청소기에 길이 조절 버튼이 있습니다.

길이 조절 버튼을 누르고

손잡이를 위로 당기거나 아래로 미세요.

청소기 길이를 바꿀 수 있습니다.

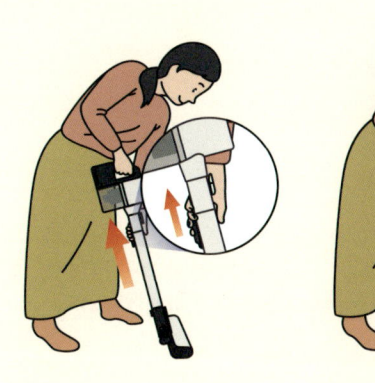

청소기 길이를
더 길게 하려면
길이 조절 버튼을 누르고
손잡이를 위로
당기세요.

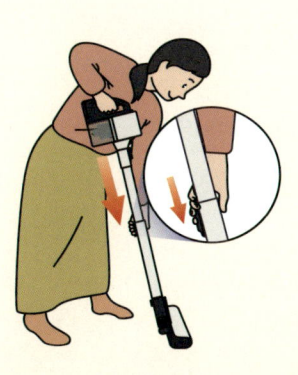

청소기 길이를
더 짧게 하려면
길이 조절 버튼을 누르고
손잡이를 아래로
미세요.

LG전자 서비스 센터

LG전자 청소기와 충전대를 사용하다가 문제가 생겼나요?
LG전자 서비스 센터에 연락하세요.

 1544-7777

서비스 센터에 전화하기 전에 세 가지를 미리 준비하세요.
청소기와 충전대에 어떤 문제가 있는지
전화를 받은 서비스 센터 직원에게 설명해야 합니다.

청소기와 충전대 모델명이 무엇인가요?

LG전자 청소기와 충전대마다 모델명이 있습니다.

청소기와 충전대에 있는 스티커를 보면

모델명을 알 수 있습니다.

직원에게 모델명을 알려 주면

문제를 더 빠르게

해결할 수 있습니다.

② 청소기와 충전대에 어떤 문제가 생겼나요?

직원에게 청소기와 충전대에 어떤 문제가 생겼는지 이야기해야 합니다.
청소기와 충전대에 어떤 문제가 생겼는지 이야기할 수 있도록 미리 준비해 주세요.

예

- 청소기에서 큰 소리가 나요.
- 청소기가 먼지를 잘 빨아들이지 못해요.
- 청소기에서 냄새가 나요.
- 배터리 충전이 안 돼요.

③ 전화번호와 집 주소는 무엇인가요?

청소기와 충전대를 고치려고
직원이 집에 찾아올 수도 있습니다.
직원이 전화번호와 집 주소를 물어볼 수 있습니다.
전화번호와 집 주소를 미리 준비해 주세요.

· 전화번호

· 집 주소